AF290420

Impressum

Bibliografische Information der Deutschen Nationalbibliothek: Die Deutsche Nationalbibliothek verzeichnet
diese Publikation in der Deutschen Nationalbibliografie;
detaillierte bibliografische Daten sind im Internet über
http://dnb.dnb.de abrufbar.

1. Auflage
© Carolin Jenkner-Kruel, 2019
Fotonachweis Titelbild: © Uli Reinhardt
Satz und Layout: Stella Chitzos

Herstellung und Verlag:
BoD – Books on Demand, Norderstedt

ISBN: 9 783750 415348

Diese Wohnung ein Leben.

Zu Besuch im Zuhause von Astrid Lindgren in Stockholm.

von Carolin Jenkner-Kruel

Vorwort

Der 28. Januar 2002 war ein Montag, und obwohl es für mich als Abiturientin ein ganz gewöhnlicher Schultag war, kann ich mich noch heute daran erinnern. Es war eine Nachricht aus Schweden, die mich und Millionen anderer Menschen an diesem Tag berührte. Es war der Tag, an dem Astrid Lindgren starb. Natürlich habe ich sie nicht persönlich gekannt. Und trotzdem gehörte sie zu meiner Kindheit. Das Schwarzweißfoto auf dem Cover der blauen Bücher aus dem Oetinger-Verlag hatte sich schon früh in mein Gedächtnis gebohrt. Egal, ob auf „Karlsson vom Dach", „Pippi geht an Bord" oder „Wir Kinder aus Bullerbü": Das Porträt von Astrid Lindgren prangte stets auf der Buchrückseite, und mit jeder Geschichte, die ich las, kam mir die Autorin vertrauter vor. Wie eine Großtante, die die Freundin aller Kinder ist.

Sie sah auf den Bildern in meinen kindlichen Augen schon sehr alt aus, aber immer agil und freundlich. Ich fühlte mich von ihr verstanden, denn sie schien auf unserer Seite zu sein. Und sie bescherte mir unvergessliche Stunden. Ich erinnere mich, wie meine große Schwester mir in den Sommerferien Abende lang „Kalle Blomquist" vorlas. Und wie wir uns zum Ärger unserer Eltern anschließend in der Geheimsprache von Kalle Blomquist unterhielten: NON I CHOCH TOT VOV E ROR ROR A TOT E NON – nicht verraten! Wir beherrschten die Sprache in Perfektion, und noch heute unterhalten wir uns dann und wann auf Räubersprache, wenn unsere Eltern – oder mittlerweile auch unsere Kinder – uns nicht verstehen sollen. Natürlich lese ich auch meinen Kindern Madita, Bullerbü, Michel und all die anderen Geschichten vor. Und auch auf sie scheint die Autorin wie eine Schutzheilige zu wirken, deren Geschichten auch nach 70 Jahren noch Kinderherzen berühren. Astrid Lindgren ist auf diese Weise in meinen Alltag zurückgekehrt. Und jetzt, als Mutter und Kinderbuchautorin, interessiert mich noch viel mehr als früher, welcher Mensch hinter diesem Schwarzweißporträt steckt und diese Geheimsprache erfunden hat.

Kein Wunder also, dass ich neugierig geworden bin, als ich Ende 2015 las, ihre Wohnung in Stockholm sei nun für die Öffentlichkeit zugänglich; in kleinen, intimen Führungen. Ich beschloss, Kontakt zur Pressestelle aufzunehmen und bekam prompt einen Termin für eine Führung auf Deutsch.

An einem Dienstag im Mai 2016 haben der Fotograf Uli Reinhardt und ich also „Astrid Lindgrens Hem" – Astrid Lindgrens Zuhause – besucht. Darüber hinaus hatten wir die Gelegenheit, mit ihrer Enkelin Malin Billing zu sprechen, in ihrer Lieblingsbäckerei einzukaufen und mit dem Koch zu plaudern, der ihr ihr Lieblingsgericht servierte. Daraus ist die nachfolgende Reportage entstanden, mit der ich mich vor dieser wunderbaren Autorin verneigen möchte.

Eine angenehme Lektüre wünscht
Carolin Jenkner-Kruel

Vierzehn Jahre nach ihrem Tod bekommt Astrid Lindgren noch immer Post. An diesem Tag im Mai hat der Briefträger einen Umschlag aus Deutschland durch den Schlitz ihrer Wohnungstür gesteckt. Die Kinderschrift ist krakelig, und jemand hat die Postleitzahl korrigiert. Elisabeth Daude entdeckt den Brief aus Lübeck auf dem Teppichboden im Flur, nachdem sie den Sicherheitscode eingegeben hat und die Tür zum Universum der wohl einflussreichsten Kinderbuchautorin der Welt öffnet. Die 56-jährige ist eine der Ehrenamtlichen, die Lindgrenbegeisterte durch die Wohnung führt – maximal zu zwölft und nur mit Anmeldung.

Über sechs Jahrzehnte wohnte Astrid Lindgren in dieser ganz gewöhnlichen Fünfzimmerwohnung in einem Mehrfamilienhaus im Stockholmer Vasaviertel. 145 Millionen verkaufte Bücher und Übersetzungen in 95 Sprachen – so simpel lässt sich der rein wirtschaftliche Erfolg ihres Schriftstellerdaseins zusammenfassen. Und diese gigantischen Zahlen bilden einen krassen Gegensatz zu ihrem bescheidenen Heim. Astrid Lindgrens Zuhause mutet nicht im Geringsten majestätisch an. Trotzdem betreten die meisten Besucher die Wohnung im ersten Stock mit einer großen Portion Ehrfurcht – vielleicht gerade weil sie so überraschend anspruchslos daherkommt. Und weil Lindgrens Figuren wie Pippi Langstrumpf, Madita, Michel oder Lotta uns über Generationen berühren. Auch Elisabeth Daude beteuert: „Es ist jedes Mal etwas ganz Besonderes, hierherkommen zu dürfen."

Die Besucher ziehen ihre Schuhe aus, wie es in Schweden üblich ist, hängen ihre Jacken an die Garderobe neben die beigefarbene Popelinejacke der Schriftstellerin und halten einen Moment inne. Da steht man nun im Flur der Schöpferin all dieser herrlichen Geschichten und blickt auf den kleinen runden Tisch im Esszimmer, der akkurat mit einer Rosentischdecke bedeckt ist. In diesem Durchgangszimmer scheint er fast ein bisschen im Weg zu stehen.

Die Familie hat alles im Originalzustand gelassen, genau so, wie es am 28. Januar 2002 war, als Astrid Lindgren im Alter von 94 Jahren morgens in ihrer Wohnung starb. Die Zeit ist auf den 120 Quadratmetern stehengeblieben, und die fünf Zimmer erzählen die Geschichte eines ganzen Lebens. Überall stehen und hängen Mosaikteile, die sich zu einem Porträt zusammenfügen: Bilder, Preise, Skulpturen, Geschenke ihrer Bewunderer.

Ordnung war ihr wichtig, den Eindruck gewinnt man beim Betrachten der systematisch geordneten Bücher sofort. Und Disziplin ist ihr auf dem elterlichen Hof Näs in Småland in die Wiege gelegt worden. Wenn es Arbeit gab, wurde sie erledigt. Diese Einstellung legte sie auch später in der Stadt nicht ab. Malin Billing, eines von sieben Enkelkindern von Astrid Lindgren, erinnert sich noch heute daran, wie ihre Großmutter jedes Jahr im Frühling mit ihrer eigenen Hausangestellten zu ihrer Tochter kam, um den Frühjahrsputz zu erledigen. „Da wurden Teppiche ausgeschlagen und das ganze Haus geputzt.“

Das Wohnzimmer in der Dalagatan 46 ist Malin Billing noch in guter Erinnerung. Hier haben sie mit der
Familie Weihnachten gefeiert. Aber es war auch der
Raum, in dem Astrid Lindgren später Journalisten und
Politiker empfing. Und die bewunderten und fürchteten
sie zugleich, denn sie war, selbst längst Rentnerin, eine
der führenden Meinungsbildnerinnen im Land. Nach
ihrem internationalen Durchbruch nahm sie Einfluss
auf Schwedens Steuergesetzgebung, den Tierschutz und
die Kinderschutzgesetze. In diesem Wohnzimmer wurde
schwedische Politik gemacht, und vermutlich knarz-
te der Boden schon damals bei jedem Schritt auf dem
Fischgrätenparkett.
Der Stoff des rot-weiß geblümten Sofas, auf dem sie so
oft fotografiert worden ist, ist verschlissen; das helle Sofa
daneben hat Kaffeeflecken. Sicher hätte sie sich in jünge-
ren Jahren schnell um einen neuen Bezug gekümmert.
Aber unnötig etwas neu gekauft hätte sie nicht. Denn so
reich und erfolgreich sie am Ende ihres Lebens war, so
schwer hatte Astrid Lindgren es in jungen Jahren.

Der unbeschwerten Kindheit auf dem Land folgten harte
Jahre in Stockholm: Mit 18 wurde sie als Volontärin vom
Chefredakteur der Lokalzeitung Vimmerby Tidning
schwanger und hatte keine andere Wahl als ihren Sohn
Lasse anonym in Kopenhagen zu gebären. Lasse wuchs
in den ersten Jahren bei seiner dänischen Pflegemutter
auf, während sich seine Mutter in Stockholm als Sekre-
tärin durchkämpfte. Die Stadt war am Anfang hart zu
ihr. Die Nestwärme aus Småland kam nur in Form von

Lebensmittelpaketen der Eltern in das kalte Stockholm. Getrennt von ihrem geliebten Sohn und ihrer Heimat schrieb sie 1928 an ihren Bruder Gunnar: „Ich fühle mich einsam und arm. Vielleicht einsam, weil ich es bin, und arm, weil mein ganzes Hab und Gut aus einer dänischen Einöremünze besteht." Es ist also kein Zufall, dass die Einsamkeit gerade von kleinen Jungen in Büchern wie „Die Brüder Löwenherz" und „Mio mein Mio" eine große Rolle spielt – ganz im Gegensatz zu „Wir Kinder aus Bullerbü" oder „Madita", in denen sich ihre glückliche Kindheit widerspiegelt.

Erst als Astrid Sture Lindgren kennenlernte und heiratete, konnte sie ihren mittlerweile vierjährigen Sohn endlich zu sich nehmen, und es begann ein normales Familienleben. Wenig später wurde Tochter Karin, die Mutter von Malin Billing, geboren. Zunächst wohnte die Familie in der Vulcanusgatan auf der anderen Seite des Vasaparks in einer Zweizimmerwohnung. Den Umzug in die Fünfzimmerwohnung in der Dalagatan empfand Astrid Lindgren mitten im Zweiten Weltkrieg als wahren Luxus. „Ich kann nicht umhin, mich über unsere schöne Wohnung zu freuen", schrieb sie am 1. Oktober 1941 in ihr Tagebuch, „obwohl mir ständig bewusst ist, dass es uns unverdient gut geht, jetzt, wo so viele nicht mal ein Dach über dem Kopf haben." Als Familienheim diente die Wohnung dennoch nur ein gutes Jahrzehnt: Lasse zog 1950 aus, Sture starb 1952, und Karin verließ die elterliche Wohnung nach ihrer Heirat 1958.

Die letzten 44 Jahre ihres Lebens hat Astrid Lindgren also alleine hier gewohnt – bis zum Schluss zur Miete.

Als Nachbarin war Astrid Lindgren stets beliebt, und daran änderte sich auch nichts, nachdem sie mit Pippi Langstrumpf weltberühmt geworden war. Patrik Cornelius ist mit der prominenten Nachbarin im Haus aufgewachsen. Lange Zeit hat er Wand an Wand mit ihr gewohnt. Hinter der Wohnzimmerwand der Lindgrens, dort, wo ein echter Chagall neben naiver Kunst weniger bekannter Künstler hängt, wohnte er mehrere Jahre in der Wohnung seines Großvaters. Seine Eltern hatten das Haus in den 60er Jahren erworben, mitsamt dem traditionellen Restaurant Wasahof im Erdgeschoss. Heute arbeitet Patrik Cornelius dort als Sommelier, sein Bruder Fredrik als Küchenchef. Und beide erinnern sich gerne an ihren Stammgast aus dem ersten Stock. „Wallenbergare" war ihr Lieblingsessen: Kalbshackfleisch serviert mit Kartoffelpüree und grünen Erbsen. Hausmannskost, genauso bodenständig wie sie ihr Leben lang geblieben ist. Astrid Lindgren bestellte per Telefon, wenn sie Gäste erwartete. Im Restaurant selbst aß sie nie. Aber wenn dort ein klassisches Konzert stattfand, kam sie gerne herunter.

Klassische Musik, am liebsten Mozart, hörte sie auch in ihrem Arbeitszimmer. Vom Wohnzimmer aus kann man es durch eine Flügeltür betreten. Und wie von dort aus hat man hier einen herrlichen Ausblick auf den Vasapark – für Astrid Lindgren der Miniaturersatz für die reiche Natur in Småland, eine grüne Oase, ein Sehnsuchtsort, mitten in der Großstadt. „Ich habe allein vor einer blühenden Traubenkirsche im Vasapark gesessen. Und

mich aufs Land hinausgesehnt", notierte sie am Pfingstmontag 1945 in ihrem Tagebuch. Heute heißt der Teil, der zur Dalagatan hin liegt „Astrid Lindgrens Terrasse". Das Arbeitszimmer an sich ist ein kleiner rechteckiger Raum. Der Schreibtisch am Fenster ist schmal, eine Schreibmaschine steht darauf, einige Stempel und vorgefertigte Antwortkarten. Die hat sie benutzt, als sie der Flut an Leserbriefen nicht mehr gerecht werden konnte. Hier, mit Blick auf ihren geliebten Park, hat sie ihre Stenoblöcke ins Reine geschrieben. Aber ihre Geschichten entstanden nicht im Arbeitszimmer, sondern an einem anderen Ort: im Bett. Hier schrieb sie all ihre Geschichten, bevor sie mittags aufbrach, um zu Fuß durchs Vasaviertel zum Verlag Rabén & Sjögren in der Tegnérgatan zu gehen. Dort hatte sie eine halbe Stelle als Leiterin der Kinderbuchabteilung. Die morgendliche Schreibzeit nahm sie sich auch in den Sommerferien auf der Schäreninsel Furusund, auf der sie ein Sommerhaus besaß. „Morgens hat Oma geschrieben", erinnert sich Enkelin Malin Billing. „Nachmittags durften wir zu ihr."
In Stockholm mag sie auf dem Hin- oder Rückweg zum Verlag einen Abstecher in die Bäckerei „Liselotte Hembageri" gemacht haben. Inhaberin Moa Areskog-Bergquist, eine kleine rundliche Frau mit herzlichem Lachen, erinnert sich mit Freude an ihre berühmte Kundin.

Ihre Augen leuchten, wenn sie von ihren Begegnungen mit Astrid Lindgren erzählt. „Sie war unglaublich nett. Ich wusste natürlich absolut, wer sie war, aber wenn sie hier einkaufte, wollte sie anonym bleiben. Wir haben nie mit ihr über Pippi oder Michel geredet, denn wir hatten viel zu großen Respekt vor ihr." Am liebsten habe sie „Großvaters Apfelkuchen" gekauft, drei Sorten Plätzchen und schwedisches Hefegebäck, nie aber Torte oder Biscuit. „Aber wenn sie anrief, um etwas zu bestellen, das war das lustigste", erinnert sich Moa. „Sie meldete sich nie mit Namen. Sie sagte einfach: Hallo, hier bin ich. Ich bekomme den und den Kuchen. Und ich wusste immer ganz genau, welchen Kuchen sie wollte."

Dieses Telefon, von dem aus sie in der Bäckerei angerufen hat, muss in den letzten Jahren ihres Lebens das mit den extragroßen Tasten gewesen sein. Es steht im Arbeitszimmer auf dem kleinen Couchtisch vorm Sofa. Hier saß sie, um zu telefonieren, Musik zu hören oder sich die Verfilmungen ihrer Bücher anzuschauen – und diese Einsamkeit wählte sie in späteren Jahren bewusst. Der Platz auf dem Sofa im Arbeitszimmer ist ein sehr persönlicher Ort. Das Regal an der Wand zeigt die ganze Liebe und Wertschätzung, die sie Kindern und Erwachsenen, die sie verehrt haben, entgegengebracht hat. Da steht ein Legoschaf neben Porzellanfiguren, gebastelte Pippipüppchen neben Holztieren. Alle zwei Wochen wurden die kleinen Geschenke ihrer Fans abgestaubt – genauso wie die bronzenen Preise, die auf den Fensterbänken stehen und über die sie einst scherzte, die schweren Preise seien ihr die liebsten, weil sie damit bei Wind die Fenster offen halten könne.

Der einzige Raum, in dem die Familie etwas verändert hat, ist das Schlafzimmer. Hier wurde das

Krankenbett, das sie nach ihrem Schlaganfall brauchte, gegen ihr normales Bett getauscht. In diesem Bett, vom Arbeitszimmer aus gesehen am anderen Ende der Wohnung, mag sie auch ihren letzten veröffentlichten Text geschrieben haben. Für die Schweden ist er ein Geschenk. Denn es ist der Text für den „Märchenzug" im Kinderkulturzentrum Junibacken, eine Mischung aus Museum, Theater und Freizeitpark für Kinder. Astrid Lindgrens Stimme hört man dort noch immer, wenn man mit dem „Märchenzug" eine Entdeckungsreise durch die Welt von Michel, Ronja Räubertochter und den Brüdern Löwenherz unternimmt.

Es liegt nahe, sich Astrid Lindgren so vorzustellen, wie sie vor Junibacken in Bronze gegossen dasitzt: Das Buch „Die Brüder Löwenherz" auf dem Schoß und eine Taube neben sich, liest sie vor. Eine junge, kurzhaarige Frau stellt ihr Fahrrad ab und geht auf die Skulptur zu. Was folgt, gleicht einem religiösen Ritual: Sie umschließt die Taube mit ihren Händen, zückt ihr Smartphone und fotografiert das Buch. Dann geht sie zwei Schritte um die Statue herum, blickt auf die Augen der Autorin, schließt ihre eigenen und gibt der bronzenen Astrid Lindgren die rechte Hand. Später erzählt die junge Frau, dass sie aus Russland kommt und selbst Kinderbücher schreibt. „Astrid Lindgrens Texte sind sehr wichtig für mich", sagt sie, und unweigerlich wird klar, welche Bedeutung Astrid Lindgrens Werk noch immer hat, obwohl sie selbst doch so bescheiden war: „Wenn ich auch nur eine einzige düstere Kindheit erhellen konnte, bin ich zufrieden", hat sie einst gesagt.

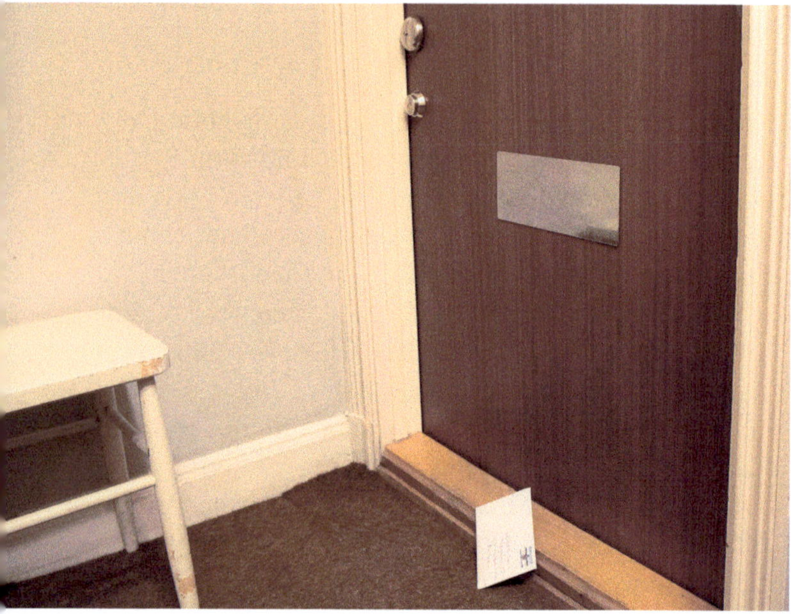

Malin Billing hat mir von ihrer Großmutter
Astrid Lindgren erzählt.

Die Brüder Cornelius erinnern sich an die Kinderbuchautorin als Gast im Restaurant „Wasahof" und als Mieterin.

Liselotte Hembageri – die Lieblingsbäckerei
von Astrid Lindgren

Eine russische Kinderbuchautorin an der Statue
von Astrid Lindgren vor Junibacken in Stockholm.

Reisetipps

Auf Astrid Lindgrens Spuren durch Stockholm

Astrid Lindgrens Wohnung befindet sich in der Dalagatan 46, nur drei Gehminuten von der Tunnelbahnstation Odenplan entfernt. Eine Plakette vorm Hauseingang erinnert daran, welche berühmte Autorin hier über 60 Jahre gewohnt hat. Für die Führungen muss man sich vorab im Internet unter www.astridlindgrenshem.se anmelden. Sie kosten 160 SEK (ca. 15 Euro) und dauern etwa eine Stunde. Es gibt Führungen auf Schwedisch, Englisch, Deutsch und Russisch. Die Astrid Lindgren Gesellschaft empfiehlt die Führungen ab 15 Jahren und weist daraufhin, dass für jüngere Kinder „Junibacken" in Stockholm und „Astrid Lindgrens Värld" in Vimmerby geeignetere Orte sind.

Das **Restaurant Wasahof** liegt im Erdgeschoss der Dalagatan 46. Hier gibt es traditionelle Küche und als Spezialität Meeresfrüchte. Wer Astrid Lindgrens Lieblingsspeise „Wallenbergare" essen möchte, sollte dies allerdings vorher anmelden, denn die Speisekarte hat sich in den vergangenen Jahren geändert. http://wasahof.se/

Der **Vasapark** liegt direkt gegenüber der Wohnung und lädt zu einem Spaziergang auf der belebten Grünfläche ein. Der Teil, der zur Dalagatan hin liegt, heißt „Astrid Lindgrens Terrasse".

Die **Bäckerei Liselotte Hembageri** ist der Ort, in dem Astrid Lindgren ein bis zwei Mal in der Woche Hefegebäck (bullar), Apfelkuchen („Farfars äpplekaka") und Plätzchen (Japaner, Syltkakor und Rågkex) gekauft hat. Die 80 Jahre alte Bäckerei wird von Familie Areskog-Bergquist in dritter Generation betrieben, und die handgemachten, original schwedischen Kuchen schmecken köstlich. Die Bäckerei liegt in der Norrtullsgatan 11, ebenfalls ganz in der Nähe der Tunnelbahnstation Odenplan.

Der kleine **Bergpark Tegnérlunden** ist eine gemütliche Grünoase im Vasaviertel. August Strindberg ragt hier in die Höhe. Viel kleiner ist die Bronzestatue von Astrid Lindgren, in der sie schützend ihren Mantel über ein Kind hält. Den Park hat sie täglich auf ihrem Weg zum Verlag Rabén & Sjögren durchquert, der seinen Sitz damals in der Tegnérgatan hatte.

Junibacken auf der Insel Djurgården (erreichbar mit der Djurgårdens Fähre, die zum öffentlichen Nahverkehr gehört) ist ein Paradies für Kinder: Die Figuren von Astrid Lindgren und anderen schwedischen Kinderbuchautoren können in Spielhäusern nachgespielt werden. Zu bestimmten Zeiten treten Theatergruppen auf, und der legendäre „sagotåget" (Märchenzug) entführt auf eine Reise durch die Miniaturwelt von Madita, Michel, Nils Karlsson Däumling, Ronja Räubertochter und den Brüdern Löwenherz. Den schwedischen Hörtext dazu hat Astrid Lindgren noch selbst gesprochen. Man kann die Geschichten aber auch auf Deutsch hören. Ein Highlight ist auch die riesige Buchhandlung mit Merchandise-Artikeln von Pippi und Co.

Der Eintritt kostet 195 SEK (ca. 17,50 Euro) für Erwachsene und 165 SEK (ca. 15 Euro) für Kinder. www.junibacken.se

Reiseziele in Småland

Viele von Astrid Lindgrens Geschichten spielen in ihrer Heimat Småland. Wer diese schöne Region im Süden von Schweden bereist, findet viele Orte und Schauplätze, um sich mit ihren Geschichten und ihrer Person auseinanderzusetzen.

Vimmerby
Vimmerby als Astrid Lindgrens Geburtsstadt ist der Ort, an dem alles begann und es ist auch der Ort, an dem sie begraben liegt. Die Innenstadt selbst mit ihren niedlichen Gassen diente als Kulisse für viele Lindgren-Verfilmungen und alle Filmpremieren fanden zuerst hier statt.

Vielen Lindgren-Fans bekannt ist der **Themenpark Astrid Lindgrens värld** in Vimmerby. Hier kann man komplett eintauchen in die Welt von Michel, Pippi und Ronja Räubertochter, denn ob Lönneberga, die Villa Kunterbunt oder der Mattiswald: Alles ist nachgebaut und wird von Schauspielern zum Leben erweckt. In der Hochsaison gibt es bis zu 50 Theateraufführungen am Tag und die Schauspieler kommen mit kleinen und großen Fans ins Gespräch. Der Park öffnet im Mai bis in den Herbst. Die aktuellen Öffnungszeiten und Sonderöffnungszeiten sind auf der Webseite www.astridlindgrensvarld.se nachzulesen. Die Eintrittspreise sind je nach Saison unterschiedlich und variieren zwischen 310 SEK für eine Tageskarte für Kinder (3 bis 14 Jahre) und 420 SEK für Erwachsene in der Hauptsaison und freiem

Eintritt in der Nachsaison, wenn der Park nur zum Spielen geöffnet ist und keine Schauspieler vor Ort sind.

Astrid Lindgrens Elternhaus, der Hof Näs
Für mich persönlich war Näs, der elterliche Hof von Astrid Lindgren, ein berührender Ort, an dem Erwachsene und Kinder gleichermaßen auf ihre Kosten kommen und auch diejenigen, die etwas tiefer in die Biografie eintauchen möchten, genug geistiges Futter bekommen. In einem Neubau kann man mit der Ausstellung „Astrid Lindgren für die ganze Welt" in das Leben der Autorin eintauchen. Mit dem Audioguide, der auch auf Deutsch einzustellen ist, kann das jeder in seinem eigenen Tempo tun. Die Audio-Führung ist so spannend gemacht, dass meine Kinder auch im Kindergarten- und Grundschulalter die Geduld hatten, bis zum Ende zuzuhören und sich alle Ausstellungsstücke anzuschauen. Das eigentliche Elternhaus kann man in einer Führung besichtigen, die man aber mindestens fünf Tage im Voraus buchen muss. Wunderschön sind die liebevoll und naturnah angelegten Gärten. Man kann den Rundweg „Eine Seele, die baumelt" entlanggehen oder einfach nur bei einer schwedischen Fika (Kaffeetrinken) die Sonne auf sich scheinen lassen und die Kinder beim Spielen beobachten. Näs ist ein wirklich lohnenswerter, besonderer Ort, oder wie die Macher schreiben: „Hier in Näs ist sie in den Limonadenbaum geklettert und hier hat sie mit ihren Geschwistern im Tischlerschuppen gespielt. Hier hat sie im Heu getobt und hier hat sie sich die Märchen in Kristins Küche angehört."

Die aktuellen Öffnungszeiten, Ausstellungen und Eintrittspreise sind auf der Webseite www.astridlindgrensnas.se nachzulesen.

Bullerbü

Bullerbü heißt eigentlich Sevedstorp. Es ist das kleine Dorf mit nur drei Häusern, in dem Astrid Lindgrens Vater Samuel August aufgewachsen ist und das sie im Kopf hatte, als sie sich die Geschichten aus Bullerbü ausgedacht hat. In den Jahren 1986 und 1987 war das Dorf Kulisse für die Filmaufnahmen. Jeden Sommer wird das Bullerbü-Feeling zum Leben erweckt. Die Kinder können in der Scheune im Heu toben und sehen, wie eng die Häuser in Bullerbü wirklich waren. Außerdem gibt es ein Café und einen kleinen Andenkenladen. Die Parkgebühr samt Eintritt beträgt 40 SEK.

Katthult

Noch ein Drehort: Die Michel-Filme wurden Anfang der 70er Jahre auf dem Hof „Gibberyd" gedreht. Der liegt in Rumskalla, etwa 25 Kilometer von Vimmerby entfernt. Auch hier ist der Schauplatz gut erhalten, man kann natürlich den Tischlerschuppen sehen, Souvenirs kaufen und Tiere streicheln. Uns kam „Katthult" allerdings sehr kommerziell vor. Vielleicht war das aber auch dem Umstand geschuldet, dass wir vorher schon so viel Michel, Bullerbü und Pippi gesehen hatten …